I0486227

Le facteur de production invisible

Le facteur de production invisible

Alain Laraby

Le facteur de production invisible

UP' Editions

Copyright © 2015 Alain Laraby – UP' Editions

Tous droits réservés

ISBN: 1515342093
ISBN-13: 9781515342090

Le facteur de production invisible est à la marge du capital et du travail. Il en occupe en réalité le centre, car sans la confiance, et surtout le mélange des profils et des expériences, les facteurs de production traditionnels sont impuissants. Même le facteur technique a besoin du concours de cet invisible qui s'impose aussi bien dans le management de l'entreprise que de l'administration publique. La philosophie française en a perçu la dynamique dans la société mais en a ignoré la pertinence en économie. Il reste à souhaiter que la réflexion s'élargisse à toute forme d'action pour qu'un pays comme la France puisse retrouver sa créativité d'antan.

AL

Les facteurs en vue

Les facteurs en vue

La science économique n'a cessé de distinguer divers facteurs de production, à commencer par la terre, le travail et le capital. Elle n'a cessé de les combiner dans des fonctions de production. On connaît celle de Cobb-Douglas, du nom des deux économistes qui l'ont suggérée en 1928. Cette fonction considère les quantités de travail (L) et de capital (K) pour produire un bien de quantité Q. Elle a pour expression : $Q=K^{\alpha}L^{\beta}$, dont $Q=K^{\alpha}L^{1-\alpha}$ constitue un cas particulier remarquable, la somme de α et de β étant égale à 1 (le coefficient α, compris entre 0 et 1, représente la part de K pour produire Q). Sa forme peut être visualisée dans un espace à trois dimensions. Le capital et le travail sont les deux axes horizontaux, la production l'axe vertical. La fonction de production a l'allure d'une surface.

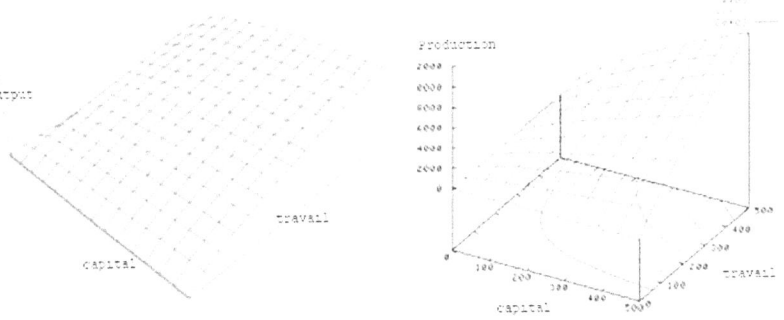

Les représentations sont équivalentes. La figure de droite a l'avantage de distinguer *la surface de production* du système de coordonnées (travail, capital)

On connaît le modèle de croissance de Solow (1956) qui reprend, au nombre de ses hypothèses, une fonction de production du type précédent, Q= f(K,L). Solow suppose que K et L subissent séparément la loi des rendements décroissants (une augmentation répétée de K entraîne une augmentation de moins en grande de Q ; idem pour L). Un profane pourrait se demander pourquoi la fonction de production mélange les facteurs de production par le biais d'une multiplication ($K^{\alpha}L^{1-\alpha}$) et non d'une addition ($\alpha K + (1-\alpha)L$). Solow subodore également que K et L interagissent dans la production de Q. Le produit KL permet de maintenir des rendements d'échelle constants : Q($\lambda K, \lambda L$)= λQ, mais la production devient nulle lorsque les apports en travail et en capital sont nuls. K•L = 0 si K ou L = 0.

Le *résidu* de Solow est par définition la croissance qui n'est pas expliquée par le travail et du capital. Certes, le travail (la main d'œuvre) et le capital (physique) sont pour Solow substituables, mais cette malléabilité est loin d'épuiser le résidu. Des études empiriques ont montré que le résidu était, sur une longue période, quantitativement important. Il représentait entre 40 et 60 % de la croissance. Selon Solow, le gap serait comblé par le progrès technique qui accroît la production sans que varie la quantité de facteurs de production utilisée. Le progrès technique est une notion à contenu multidimensionnel. Il augmente, dit-on, la productivité globale des facteurs (la moyenne pondérée des taux de croissance de la productivité du travail et du capital). C'est à la fois un processus et un chiffre.

Solow n'explique pas les gains de productivité. Ils apparaissent dans son modèle comme une manne tombée du ciel. D'où vient ce bonus ? On a cherché à l'éclaircir en précisant les sources progrès technique : le renouvellement de K (un capital fraîchement installé est plus efficace que l'ancien), le progrès technique « pur » qui procède des inventions (des machines à commande numérique), l'éducation qui relève la qualité du capital humain, L, la réorganisation des façons de travailler, etc. Le rôle de l'Etat n'a pas non plus été oublié, avec ses externalités positives (le capital public qui finance les infrastructures) et négatives (une fiscalité abusive qui décourage le travail, l'accumulation du capital, voire l'innovation: une protection abusive des brevets bloque cette dernière). D'aucuns ajouteront le développement de la finance (avec les deux aspects de la médaille), la taille des marchés (favorisant les rendements croissants), la mondialisation avec la spécialisation internationale du travail... La liste est loin d'être exhaustive. En dehors de l'économie, il convient de relever comme impact les facteurs politiques et juridiques (les indices de corruption et de respect de l'Etat de droit).

La richesse de l'analyse est impressionnante. La foultitude des facteurs facilite, ou entrave, la croissance, mais ce qui semble encore échapper à l'attention est le paramètre qui expliquerait pourquoi un pays stagne, ou recule par rapport à d'autres nations. La France, dit-on, n'a pas de pétrole, mais des idées. Des idées pour stimuler la croissance y sont apparues mais peinent à être vraiment appliquées.

2

Une randonnée mouvementée

Une randonnée mouvementée

L'élévation du nombre de variables ne permet plus de rendre visible la surface de production dans un espace à trois dimensions. Dans un hyperespace, la fonction de production présente toujours une surface lisse à condition qu'elle demeure définie et continue pour toutes les valeurs des variables. Chaque point de la surface de production n'est pas autre chose qu'un point de rencontre des facteurs de production utilisés. Promenons-nous sur cette surface pour en avoir une meilleure idée. J'ai le loisir de m'y déplacer en montant (ou en descendant) lorsque la combinaison des facteurs permet d'augmenter (ou de diminuer) le niveau de production.

En tout lieu, je peux décider de me promener sans changer d'altitude, comme je pourrai le faire en montagne en parcourant une ligne de niveau.

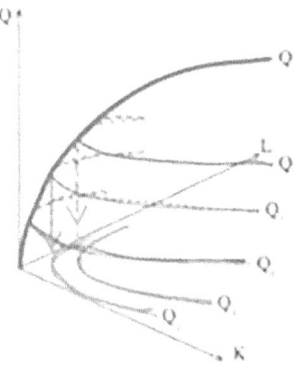

Dans l'espace à 3 D redessiné supra[1], le déplacement horizontal revient à couper la surface de production par un plan (l'intersection est appelée *isoquante de production*, chaque point de l'intersection représentant une égale quantité produite. On perd une dimension, puisqu'il existe une contrainte sur Q. La production demeure constante sur toute la ligne de niveau, mais on gagne en lisibilité (la projection des courbes de niveau symbolisent la dimension perdue).

Jusqu'ici, je me déplace à mon aise. Aucune péripétie, à part le fait qu'il arrive que la surface de production se réduise à une portion déterminée s'il existe des limites techniques à la combinaison des facteurs de production (ex : main d'œuvre abondante mais peu qualifiée ; accès difficile au capital technique empêchant la fabrication de produits sophistiqués). Ce genre d'événements est fâcheux, mais demeure assez prévisible (on connaît ce genre de contraintes). Le résidu de croissance, qui n'est pas expliqué par le travail et le capital, nous réserve des surprises plus grandes. Des chocs sur l'offre risquent de perturber la surface de production. En période d'instabilité économique, les individus peuvent réagir à la variation de la structure des prix en modifiant leurs décisions d'offre de travail. L'inflation ne change pas la fonction de production mais affecte la consommation. Des heures supplémentaires ou une meilleure qualification serait souhaitable.

A l'inverse, une fiscalité abusive peut décourager l'offre de travail (pour qu'une famille paye moins d'impôts, il vaut mieux parfois que l'un des parents s'occupe des enfants. Le facteur travail sera moins employé que le facteur capital).

Toutes ces agitations font naître des bosses ou des pics sur la surface de

production. Je ne déplace plus seulement. La surface, elle-même, bouge !
Ma promenade paisible devient une
aventure, mais, s'empresse-t-on de
nous susurrer, l'effet sur la fonction
de production de tous ces événements est mesurable. Considérez le
progrès technique. Il en existe deux
formes : l'invention d'un bien ou un
nouveau procédé de fabrication (par
laser). *L'invention* (ex : smartphone)
: le nouveau bien comble (ou crée) de
nouveaux besoins ; la vie des gens est
allégée ; la croissance est favorisée.
Avec les mêmes facteurs de production, la production augmente ! Le
progrès technique frise le miracle.
Un nouveau procédé (ex : laser) : la
production augmente grâce à une
meilleure combinaison des facteurs
de production (nous retrouvons le cas
étudié par Solow). Si l'introduction

d'un nouveau bien et la réduction du coût de production ne sont pas toujours mesurables, la modélisation demeure possible.

L'effet de *l'innovation organisationnelle* est plus problématique. Le taylorisme est bel et bien mesurable (montre en main, un ingénieur peut calculer les effets de la spécialisation sur la production), mais quid d'autres formes plus sophistiquées ? Il ne s'agit plus ici d'ajouter d'autres fruits dans une salade de fruits grâce au marché (des bananes, à côté des pommes et des poires), ni de produire davantage de façon plus efficace. Non. Il s'agit d'innover sous le rapport des gens et non des biens. Nous entrons dans un domaine où les problèmes sont plus difficiles à cerner. La modélisation cesse d'être mécanique ; le jugement intervient. L'entreprise décide d'entendre tout le monde, en ateliers, par services, ou en mélangeant les catégories de personnel. Les idées fusent. On se croirait dans une négociation où les parties collaborent pour trouver des solutions. Quelque chose d'impalpable surgit.

3

Des petits riens de mesure nulle

Des petits riens de mesure nulle

J'ai travaillé dans un groupe juridique faisant 20 milliards de dollars de chiffre d'affaires par an. A mon arrivée, je fus surpris de voir que la « maison » n'offrait pas le café à ses employés, qu'aucune salle commune n'avait été aménagée pour se détendre ou discuter, y compris du travail sous différents angles. Un détail insignifiant, négligeable, produisant en chacun le sentiment d'être isolé, ignoré. Or, constate-t-on, *tout commence dans l'entreprise par l'échange*. Sans dialogue, point d'entreprise, point de société commerciale ni de projet. Une entreprise est un lieu de partage autant que de production. Partage des profits (et des pertes) au sein d'un vivre-ensemble où on se sent exister, où on autour de soi un climat de confiance, un intérêt pour ce qu'on fait et ce que font les autres. *Dès que la confiance s'instaure, un petit miracle se produit, la flexibilité devient possible, les gens n'ont plus peur de bouger, l'initiative se développe spontanément.*[2] La confiance ne supprime point la nécessité de l'organisation. L'ingénierie du travail reste nécessaire, mais l'art de mobiliser la confiance la fonde.

Essilor, leader mondial du verre optique, sait fabriquer des bons produits et innover au plan technique. L'entreprise sait définir *un organigramme plat* qui consiste à rattacher à chaque dirigeant, non pas six ou sept collaborateurs, mais douze. *Ce mécanisme de décision limite la bureaucratie, augmente les opportunités de grandir puisqu'il multiplie les prises de responsabilité et réduit les niveaux hiérarchiques.* L'entreprise sait fixer des objectifs qui ne soient ni trop hauts ni trop bas. Mais Essilor sait également, par-delà cette architecture et cette stratégie, susciter des comportements pour réussir. Ces comportements sont *moins faciles à exprimer, car ils sont plus subjectifs.* Ils sont néanmoins identifiables. Le client compte si on n'oublie pas de *respecter l'individu et de promouvoir son talent* (au lieu de s'approprier indûment, ou sans reconnaissance, son travail et ses idées). Le client compte si on n'oublie pas non plus d'*écouter,* i.e. entendre les échecs et les comprendre ensemble. Le client compte si on sait *parler vrai* (dire quand ça va bien et mal). Si on sait être *juste*, car que serait un management sans équité ? *L'injustice provoque un climat délétère et décourage ceux qui donnent le meilleur d'eux-mêmes.* Si on sait être *transparent* (chez Essilor, les syndicats disposent des mêmes données que le département financier ou le comité exécutif). On pourrait allonger la liste de ces variables minuscules qui peuvent être regroupées autour de trois exigences : le partage de l'information, l'élévation de l'estime de soi et la joie de participer à une expérience ouverte sur l'avenir. Essilor ne néglige aucunement les fêtes. *Ces moments de convivialité renforcent l'esprit d'équipe. Ils permettent de montrer aux uns et aux autres qu'ils occupent une place fondamentale.*[3]

« L'action humaine » in situ

« L'action humaine » in situ

En économie, l'école autrichienne est passée de mode. Cette science nouvelle se focalise sur ce qui est mesurable. On peut le comprendre. Il faut tester les modèles, mais tout modèle doit-il être quantitatif ? La rigueur conceptuelle doit primer sur le calcul. Les mathématiques ne finiront de s'imposer que si tout a d'abord été pensé. Dans la première partie du XXe siècle, von Mises parlait de *l'action humaine*. De Vienne aux Etats-Unis où il a fui, il n'a guère changé d'avis. La science économique ne saurait faire fi des situations et de *l'évaluation sans calcul. Préférer a à b, c'est préférer et écarter. C'est manifester le jugement que*

28

a est désiré plus intensément que ne l'est b. [...] l'agir trie et échelonne. Au point de départ, il ne connaît que les nombres ordinaux, non les cardinaux. Le jugement compte !

La distinction entre la fonction entrepreneuriale et la managériale procède de ces considérations. L'entrepreneur n'est pas un manager, mais un leader, selon von Mises (et Schumpeter, venu aussi de Vienne). Sa fonction ne peut être séparée de l'art de combiner les facteurs de production. *L'entrepreneur dirige les facteurs de production. C'est la direction qu'il imprime à ces facteurs qui donne des profits ou des pertes à l'entreprise*.[4] Il a l'œil sur tout, et sur la combinaison technique des facteurs, et sur leurs prix respectifs. Pour générer des profits, il peut maintenir son chiffre d'affaires (i.e.

rester sur sa courbe de production) et réduire ses coûts (i.e. recomposer son panier de facteurs et tenir compte de leurs prix respectifs). Il peut aussi augmenter sa production et réaliser des économies d'échelle (si du moins un accroissement de la demande permet d'espérer d'aller dans cette direction).

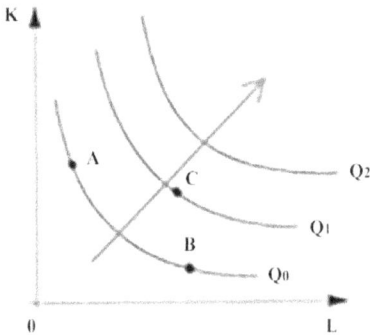

A et B sont deux paniers de facteurs dont la combinaison produit tel niveau de bien.
Les isoquantes Q0, Q1, et Q2, indiquent une production croissante dans la direction nord-est
La forme convexe des courbes signifie que les facteurs production peuvent être combinés dans des proportions variables

L'entrepreneur est créatif, mais est-il le seul? Sans doute, von Mises a-t-il raison de rappeler que, dans une entreprise, *c'est toujours un individu déterminé qui dit Nous, même si cela est dit en chœur ; cela reste l'expression d'individus déterminés*. […] *Une collectivité n'a pas d'existence et de réalité, autres que les actions des individus membres*. Le lecteur croit déjà entendre Margaret Thatcher clamer, en 1987, qu'il y a a *no such thing as society*. Il y a des individus, mais il y a aussi, ajoute von Mises, *la coopération* entre eux. Certes, il n'y a pas lieu de tomber dans l'erreur inverse en envisageant la société en dehors des actions des individus. Cette conception serait trop *holistique et métaphysique*. Les agents ne sont, ni seuls, ni absents. Il se crée des relations sociales.

L'échange interpersonnel de biens et de services est la relation fondamentale. Elle *tisse le lien qui unit les hommes en une société. La formule sociale est « do ut des » [je te donne pour que tu donnes].* La notion d'échange renvoie au marché et, plus généralement, à ce von Mises appelle la *catallaxie.* Cette notion évoque moins l'idée d'équilibre qu'un processus dynamique. Elle participe aux causes du changement, du bouleversement.[5]

Von Mises, Schumpeter. Hayek appartint aussi à l'école de Vienne. Avec lui, la notion de *catallaxie* s'enrichit, devenant davantage plurielle et interactive. Il n'y a pas seulement un marché, mais des milliers. En chacun, il y a des milliers de métiers et de créneaux. Evoquant lui-même cet auteur, l'ex-PDG d'Essilor rappelle l'immense variété des produits et des services offerts chaque jour sur les étals. Leur complémentarité et leur ajustement défient l'entendement. *Ces créneaux ont chacun une dynamique propre. Ils sont en croissance, en décroissance ou ils sont stables. Une économie moderne est un champ de fleurs avec son extraordinaire variété d'herbes, de plantes, d'insectes, de terreau avec de la matière organique et minérale, de vers de terre et d'innombrables bactéries. On voit surtout l'herbe et les fleurs, mais celles-ci ont besoin de nombreux fournisseurs que l'on voit moins. Ils sont tout aussi essentiels ! Sans eux, la prairie disparaît.*[6] Le marché n'est pas plus seul que l'individu. Les acteurs économiques fourmillent partout, mais il faut reconnaître qu'il y a des individus dont l'esprit d'entreprendre est plus grand que celui des d'autres. C'est un fait, mais il est rare qu'ils n'appartiennent pas eux-mêmes, aussi créatifs soient-ils, à des agencements collectifs originaux. Ce sont ces constellations invisibles qui permettent, dans la confiance, de renouveler le neuf, l'inédit.

5

L'insight de la
French philosophy

L'insight de la French philosophy

La philosophie d'après-guerre et « post-soixante-huitarde » tourne le dos au marché. Elle flirte avec le marxisme (Sartre) ou s'en éloigne, mais conserve toujours un a priori contre le miracle de l'économie. Keynes est passé par là, malgré lui. Sa critique du sous-emploi, qui ne finit pas par ne point être résorbé, alimente une profonde méfiance contre le libéralisme économique assimilé au « capitalisme ». La *French theory* post-sartrienne (Foucault, Derrida, Deleuze, ...) reste marquée par cet héritage.

Curieusement, ce courant d'idées a fleuri aux Etats-Unis, là où beaucoup considèrent que la vie s'épanouit principalement dans le business. Les universités américaines préparent à ce sacerdoce, mais, entre 1980 et 2000, certains de leurs départements se sont entichés des analyses *moléculaires* françaises. Elles ont rejeté les dualismes *molaires* homme/femme, blanc/noir, homo/hétéro, au nom de la *disidentification*. Certains esprits en vinrent à voir dans le capitalisme outre-Atlantique une machine à *exterminer la différence*, dixit Jean Baudrillard. Suivant Foucault, on critiqua toute autorité, petite ou grande, même officieuse. Le pouvoir du concierge autant celui du patron ou de l'homme politique. Tout ce qui dé-totalise, dé-universalise et différencie à l'extrême fut loué dans les campus alors que le gros de la population, plongée dans la vie économique réelle, se méfiait de ces *academics* qui ne vénéraient plus autant le profit et n'avaient cure du confort matériel.[7]

Pourquoi certains campus américains se sont-ils entichés des idées françaises ? Voyons les textes.

Dans *La critique de la raison dialectique*, Sartre rappelle que *la rareté fonde la possibilité de l'histoire humaine*. Rien de très nouveau. Hobbes l'affirmait déjà au XVIIe siècle. La rareté entraîne le conflit qui peut être réduit en favorisant l'économie de marché qui reconnaîtra les talents et élèvera le bien-être. Sartre ne va pas aussi loin, mais il essaie de comprendre autrement comment les hommes réagissent à la rareté. La nécessité pousse les individus à ne pas rester groupés simplement côte à côte. A la différence de personnes alignées en *série* à un arrêt de bus, il leur arrive, non seulement de converser mais aussi de participer ensemble à un *processus* créatif. Sartre évoque la prestation de serment des députés du Tiers Etat dans la salle du jeu de Paume en 1789. En jurant de donner à la France une Constitution, ils quittent l'état de masse inerte (*praticoinerte*) pour devenir un groupe réel sans que le groupe devienne luimême *sujet* au détriment des sujets individuels. *La quasi-souveraineté n'est jamais pouvoir totalisé du groupe sur ses membres, ni non plus pouvoir successif de chacun sur tou*s. Bien que marqué par le marxisme, Sartre n'entend pas rompre les cloisonnements au bénéfice d'un tout trop organisé. La totalisation doit rester indéfiniment ouverte. Alors que le contrat social n'a pour effet que de réunir des moi séparés, le serment les entraîne dans l'effervescence à faire l'histoire.[8]

Cette idée d'une émergence interindividuelle se précise chez Deleuze et Guattari. Les *collections d'individus* se font et se défont *en fonction d'alliances provisoires*. La contingence et l'évanescence prennent davantage de poids. C'est parce qu'elles sont mobiles et éphémères que les *constellations microsociales* s'opposent *aux mouvements de masse.* Ces mouvements sont de faux mouvements. Ils sont *décidés centralement et mettent en marchent des individus sérialisées*. Les vrais mouvements débouchent sur des connexions, des

carrefours multiples, pouvant relancer l'action et faire boule de neige…
Ce sont *des nœuds susceptibles d'être défaits* et refaits autrement sans cesse … [9] Nos auteurs dénoncent « le capitalisme » en lui reprochant d'être, parmi d'autres, une forme d'institution figée. Aussi changeant qu'il soit en apparence, le capitalisme figerait les individus au lieu de les dynamiser.

Ce discours de reconfiguration sociale trouva un écho en France dans la vision de l'entreprise conçue comme lieu de *l'autogestion*. Dans les années 1970, on rejeta l'organisation paramilitaire de l'entreprise. L'autogestion deviendra le marqueur idéologique d'un syndicat et d'un parti politique, mais en dehors de l'entreprise fabricatrice de montres, Lip, cette réflexion fit flop dans le pays. Il y a plusieurs raisons : 1/ la façon de présenter les choses était trop radicale, trop manichéenne, malgré la richesse des idées ; 2/ on parla de l'émancipation de l'individu en soi, voire de la libération en soi, mais on ne s'inquiéta nullement des modalités et de l'effet de cette libéra-tion sur l'entreprise (le mot de « pro-ductivité » était haï) ; 3/ on refusa de voir la nécessité d'une éthique dans le travail, aussi nouvelle que soit la redéfinition du travail : il ne suffit pas de vouloir rompre une certaine forme de subordination : la sortie de l'aliénation implique la confiance autant que la loyauté, le partage de l'information autant que celui des va-leurs (discipline, ponctualité, sens des responsabilités, investissement dans le travail, respect des personnes autant que des biens, …) ; 4/ on

ignora l'intérêt de travailler en réseau, sur place ou à l'étranger (l'étatisme français avait créé
dans la société un excès d'individua-
lisme ; il y avait des organisations
intermédiaires, mais très peu d'agencements nouveaux).

6

Ce qu'on sait trop et sait moins

Ce qu'on sait trop et sait moins

La philosophie française a eu une in-tuition, mais ses vues n'ont guère débouché sur des réalisations con-crètes. Ses idées ont peu secoué la surface de production des entreprises de l'hexagone. Rien ne la tire vrai-ment vers le haut. Il faut aller en Californie pour voir fleurir des *entre-prises révolutionnaires* comme Google, Amazon, Paypal, Facebook. Il faut aller en Allemagne, dans la ré-gion de Stuttgart, pour découvrir le *Mittelstand*, cette galaxie de petites et moyennes entreprises qui em-ploient outre-Rhin plus de 70 % des effectifs privés. Les PME allemandes savent travailler en réseau chez elle et en meute à l'étranger. Elles savent créer entre elles *a kind of crowd intelligence*, basée sur l'échange d'informations. Elles savent exalter les vertus du travail, la compétence, la fiabilité, la rapidité, sans parler de l'encouragement à progresser vers les plus hautes fonctions.[10] L'absence de prestigieux diplômes n'est pas un frein à la promotion ; il n'est pas rare de voir des ingénieurs maison finirent par diriger les entreprises où ils ont reçu le gros de leur formation. Le directeur d'Airbus est un exemple.

Dans ces constellations nouvelles, le style du travail est plus décontracté, à l'image des nouvelles façons de s'habiller et de venir au travail en Californie. Il n'a pas fallu attendre pour que le *Friwear* (Friday wear) puisse entrer dans les mœurs. Les rapports sont devenus moins hiérarchiques, moins convenus, les personnes moins *sérialisées*. Le statut compte beaucoup moins que le rôle. L'entreprise encourage ses membres, au lieu de les critiquer et de les punir dès le début. Il n'est pas étonnant que des milliers de jeunes ingénieurs français se soient rués vers ces mines d'or des nouvelles formes d'organisations comportementales. Malgré la forte compétitivité et l'exigence du travail, chacun voit ses degrés de liberté augmenter, et non diminuer par excès d'encadrement et de méfiance généralisée.

Tout cela est connu. Depuis Montesquieu et Tocqueville, la France n'a cessé de décrire et d'admirer ce que les autres font et défont admirablement. Les Français répugnent au savoir-défaire pour retrouver un nouveau savoir-faire et être, mais les choses changent en France lentement mais sûrement. La culture économique évolue, à commencer par la critique de l'inertie. Qui aurait pensé voir un ouvrage tel que *Le socialisme de l'excellence* avec pour sous-titre *Combattre les rentes et promouvoir les talents* ? Son auteur, Jean-Marc Daniel, est considéré comme un *ultra-libéral de gauche*. Jean-Marc Daniel rappelle un principe : *le prix d'équilibre, égal au coût marginal (le coût de la dernière unité produite) couvre le coût moyen, élimine les rentes, rémunère les facteurs de production à la réalité de leur efficacité et fournit au consommateur les éléments d'information dont il a besoin.* Conséquence ? Au lieu de s'enferrer dans la lutte des classes, envisageons plutôt celle *entre les rentes et les talents*. Qu'on supprime les rentes et favorise les talents, voilà ce dont a besoin et la société et l'entreprise ! On en revient sans le dire à Hobbes et au bon sens. Certes, la rente n'est pas en économie un mal en soi. C'est un avoir, associé à l'idée d'un bien devenu rare (ex. l'air qui n'est plus gratuit aujourd'hui en raison de la pollution atmosphérique). Mais cet avoir peut générer un revenu injustifié en fournissant à son possesseur des produits ou services surévalués. Il ne suffit pas de penser aux monopoles publics autant que privés et aux ententes illicites. Il faut élargir la perception à toutes les positions acquises et protégés par des statuts contre la concurrence. Professeur lui-même, l'auteur décrit les rentes d'imposture universitaire, certains de ses collègues consacrant leur vie à la critique négative et vaine, voire nihi-liste, comme leur reprochait déjà Schumpeter, craignant l'effondre-ment des barrières à l'entrée qui pourraient menacer, dans leurs écoles, leurs *postes, pour ne pas dire leurs postures.*

Le talent participe au facteur ε qui s'ajoute aux facteurs de production traditionnels, - la terre, le capital et le travail. Jean-Marc Daniel cite à cet égard Rousseau (*L'Etat enrichit les fainéants de la dépouille des hommes utiles*) et le socialiste Fourier qui, *avec Jean-Baptiste Say, est l'un des premiers à insister sur la compo-sante immatérielle de la production.* Qui évalue le talent ? Troublante question. Qui évalue les évalua-teurs ? L'auteur souligne que le mar-ché fournit des critères d'évaluation sans avoir à les multiplier de façon arbitraire. Grâce à *l'émergence objective des talents* (celle des *talents authentiques*), chacun aura *la possibilité, s'il le souhaite, d'atteindre le bien-être physique auquel il aspire dans les choix de vie et de consommation.*[11] Ces propos d'économiste font écho à ceux d'un juriste qui décrivait déjà, dans les mêmes termes, l'esprit et le droit de la société capitaliste française:

On dit que les officiers ont la propriété de leur grade, les professeurs, la propriété de leur chaire, et beaucoup d'autres fonctionnaires, employés, ouvriers voudraient se faire attribuer la propriété de l'emploi qu'ils occupent. La langue traduit l'esprit du droit. Il s'agit de donner aux droits individuels la fermeté du droit de propriété. Mais si tous prennent la physionomie du propriétaire, n'est-il pas à craindre que, transfor-més en possédants, ils ne perdent l'esprit d'entreprise pour devenir de simples rentiers ? [12]

Mais encore ?

Mais encore ?

Entre les structures établies, il faut des *lignes de fuite*, estimait Gilles Deleuze. Il faut qu'elles puissent faire rencontrer des éléments divers, irréductibles aux uns et aux autres. *Expérimentez chaque fois un agencement d'idées, de relations et de circonstances* de nature hétérogènes. *Substituer le ET au EST. A et B. Le ET, comme extra-être, inter-être.* Il s'agit bien de comploter, de *faire conspirer tous les éléments d'un ensemble non homogène. Les structures sont liées à des conditions d'homogénéité, mais pas les agencements. L'agencement, c'est le co-fonctionnement.* Deleuze ne parle pas de l'entreprise, au sens d'entreprise sur un marché. Sur ce point, il reste prisonnier des préjugés de la société française, il reste dans son homogénéité, mais son accent sur les mélanges des genres qui s'entrechoquent, se s'interpénètrent sans se figer révèle une exigence foncière de la créativité des entreprises. *Il n'existe pas d'agencement fonctionnant sur un seul flux. Ce n'est pas une affaire d'imitation, mais de conjonction.* [13] Nous restons, il est vrai, dans la métaphore et dans l'abstrait. Nous sommes loin de la fonction de production et de sa dérivée, la croissance. Loin de son équation de surface $K^{\alpha}L^{1-\alpha}$, mais nous y revenons via l'*insight* de la culture nord-américaine. L'Amérique demeure à l'écoute du monde des affaires. L'innovation est analysée, voire modélisée, à l'aune des mathématiques et de la physique.

Commençons par la physique.[14] Les positions affichées dans une entreprise peuvent apparaître comme des particules statufiées par l'observation. L'entreprise, dans son ronron, a perdu la capacité d'être à la fois onde et particule. Elle n'explore plus l'espace des solutions. Son mangement routinier a réduit toutes les options possibles alors qu'il est de ses intérêts qu'ils ne soient ne pas trop vite définis. Ceux-ci ont besoin d'être approfondis à plusieurs. Les mêmes intérêts peuvent faire l'objet de différentes interprétations. L'on sait qu'on ne peut connaître en même temps la position et la vitesse d'un électron. Dans l'entreprise, il est impossible de focaliser son attention à la fois sur le contenu d'un projet et sa direction. S'occuper de la comptabilité, rechercher des clients, solliciter

des fonds, régler les multiples problèmes relationnels, ne laisse guère
de place à l'imagination pour innover. La division du travail allège les
tâches, mais ne permet pas, à elle
seule, de redynamiser l'entreprise. Il
faut entendre d'autres perspectives,
concevoir d'autres façons de penser,
à l'instar de l'entreprise japonaise de
travaux publics qui imagina de dé-
molir les bâtiments en commençant
par le bas et non par le haut.

Nous filons toujours la métaphore,
mais la référence à la physique quan-
tique éclaire l'idée que l'absence
apparente de solutions découle de
leur trop plein et de notre incapacité
à les distinguer en raison de la rareté
des angles d'attaque. Il n'y a pas
d'*ultra-solutions*, ajoute un autre
Américain, versé dans la psycholo-
gie. *Twice as much is not twice as*

good. L'Etat-providence, *the nanny-state*, assure la sécurité plus qu'il ne faut mais entrave la liberté d'entreprendre. *How more of the same can become something else*. Ne vous enfermez pas dans la répétition nuisible et évitez de penser toujours à la façon d'un jeu à somme nulle où la perte de l'autre signifierait mon gain ! Les ultra-solutions débouchent sur des compromis sub-optimaux si vous commencez à dire: *I know what you are thinking*. L'usage d'un même langage peut créer cette illusion alors que *the other was not necessary wrong, but was thinking, differently*. Vos partenaires ont une architecture mentale différente, leur*s* perspectives et leurs interprétations de la réalité appréhendent peut-être ce que vous en voyez pas. L'auteur en prétend pas être original, mais il n'est pas inutile parfois d'être basique avant de se référer aux mathématiques.[15]

Dans *The Difference*, paru en 2007, Scott E. Page s'interroge sur *How the power of diversity creates better groups, firms, schools, and society*. L'auteur entend démontrer que la diversité des produits produit des bénéfices si certaines conditions sont respectées. A l'analyse, deux résultats s'imposent :

1/ Théor.1 (*Diversity Prediction Theorem*) : Les prédictions fondées sur l'*ability* (QI, diplômes plus ou moins prestigieux, appartenance à des promos ou à des réseaux, etc.) ne sont pas aussi fructueuses que celles fondées sur la diversité, considérées jusqu'ici comme peu significatives.

Ability and diversity enter the equation equally. Il ne s'agit pas d'un *political statement*, mais un résultat mathématique; [16]

2/ Théor. 2 (*Crowds Beat Averages Law*) : un groupe de personnes interprétant différemment la réalité est amené à prédire plus justement que des modèles basés sur des informations indépendantes (ex. sondages). Ce qui est en cause dans ces modèles est l'information agrégée. Ce sont des modèles du bruit (*noise*) qui présupposent que la somme des opinions aléatoires finissant par éliminer l'élément purement individuel au profit d'une vue générale (annulation de plein petits + par plein de petits -).

L'*ability* est définie comme la capacité de fournir une réponse, sinon complète, du moins juste, précise. Pour démonter son théorème 1, Scott E. Page formule un certain nombre de conclusions intermédiaires jouant le rôle de lemmes. L'une nous dit ceci : la diversité l'emporte (*trumps*) sur l'homogénéité. Prenez un groupe de personnes de qualifications identiques, partageant les mêmes perspectives et les mêmes outils d'analyse (par ex., des ingénieurs ou des fonctionnaires formatés par la même école). Demandez-leur de résoudre tel problème. Le résultat sera peu ou prou le même, que les participants soient isolés ou regroupés. Considérez le même nombre d'individus mais ne partageant pas les mêmes vues et les façons d'aborder la question (par ex. : des ingénieurs de différents types d'écoles, voire des ingénieurs formés sur le tas, ou de différents types d'entreprise, de secteur ou de taille différente). Au lieu que chacun s'arc-boute sur son optimum local, le groupe met en marche un processus qui permet d'enrichir les optima locaux, entrevus çà et là, et d'aboutir à un optimum global (la solution). Le *1ᵉʳ théorème* étend la portée du lemme : la diversité l'emporte sur la qualification même, même en présence d'un problème difficile. Sans doute, un groupe de chimistes ne pourrait guère bénéficier de l'adjonction d'un poète dans le groupe, mais un physicien ou un mathématicien pourrait faire l'affaire. Sans doute, un groupe de gens divers sachant jouer aux échecs ne pourrait guère battre un champion, mais un groupe d'étudiants américains, ayant obtenu des résultats scolaires moyens mais ayant vécu d'autres expériences, peut davantage trouver la solution qu'un groupe d'étudiants sortis des meilleures universités transformant leur quasi-similitude en vérité conforme.[17]

La théorie de la moyennation du bruit repose sur l'idée que chaque individu i dispose d'une information indépendante T à laquelle est accolée une petite erreur subjective E_i. L'ensemble constitue un signal, $S_i = T+E_i$. Soient n individus. Leur prédiction collective sera la somme algébrique de leurs prédictions individuelles, chacune pouvant être affectée du signe + ou -, soit $T_{groupe} = T_1+E_1 + T_2+E_2 + T_3+E_3 + T_4+E_4 + ... + T_n+E_n$, soit $T_{groupe} = T + \Sigma E_i$, i allant de 1 à n. Ce modèle n'est crédible que si n est un nombre très élevé, comme l'exige la loi des grands nombres. Cette condition n'est pas toujours réalisée. Le modèle comprend, en outre, une boite noire, car on ignore d'où viennent les données. L'information T, acquise hors influence, est censée représentée la moyenne correcte. Comment le sait-on ? Rousseau, qui adopta ce modèle pour expliquer l'émergence de volonté générale, renvoyait à la *voix de la conscience* quand celle-ci n'est plus bruitée par les passions particulières. Ce sont beaucoup de conditions pour espérer que la raison se fasse entendre dans de petits groupes ! Scott E. Page croit davantage en leur sagesse lorsqu'ils sont constitués d'individus dotés d'un modèle prédictif propre. Chacun doit être expert dans son domaine (il ne suffit pas d'être choisi au hasard pour appartenir au groupe). Chaque savoir spécifique est comme une projection mathématique. Chaque interprétation peut être considérée comme un sous-ensemble de plusieurs dimensions (à l'instar, nous l'avons vu, de la projection des courbes de niveau sur un plan). La prédiction collective sera meilleure que les individuelles si des dernières demeurent des projections partielles qui ne se chevauchent pas (*non overlapping projections interpretations*). Cette exigence doit assurer l'indépendance des prédictions.

A l'appui de son second théorème, Scott E. Page procède comme en statistiques. Il élève les erreurs des prédictions individuelles au carré afin que les erreurs positives et les erreurs négatives ne s'annulent pas (par ex, pour éviter *-5 et +5=0*, il calcule :

(-5) au carré + 5 au carré=50). Ce qu'il appelle la *prediction diversity* (prédiction d'un groupe diversifié) n'est autre que la moyenne des variances des prédictions individuelles, chaque variance mesurant l'écart au carré entre chaque prédiction individuelle et la moyenne des prédictions individuelles. La *prediction diversity* mesure l'écart au carré entre les prédictions individuelles et la prédiction du groupe. D'où la reformulation des résultats comme suit[18] :

collective error = average individual error – prediction diversity

collective prediction error < average individual error

Ainsi, être différent est aussi important que savoir (*being different is as important as good*). Un groupe diversifié génère une prédiction plus fiable que la moyenne d'un groupe plus homogène. Certes, l'opinion d'un expert sera plus adaptée en moyenne que chaque opinion particulière (son erreur élevée au carré sera moindre), mais il importe de souligner que l'opinion de l'expert ne sera pas plus précise dans chaque cas. L'auteur ajoute avec assurance que ces conclusions ne sont nullement remises en cause par l'argument suivant lequel la préférence collective ne saurait refléter les préférences individuelles (ordonnées en a>b ou a< b comme le suggérait von Mises). Cet argument remonte à Condorcet. Il a été généralisé par le théorème d'Arrow, mais, dit-il, il y a lieu de ne pas confondre deux types de préférences : les préférences fondamentales et les préférences sur les moyens (*instrumental preferences*). Les premières portent sur les fins, assimilables aux *positions* décrites

dans le cadre de la négociation rai-
sonnée. Les secondes portent sur les
intérêts. L'entente sur les premières
crée des problèmes. L'entente sur les
secondes beaucoup moins, puisque
les intérêts se marchandent.

8

La fonction de production de l'innovation

La fonction de production de l'innovation

Scott E. Page est optimiste : *one plus one exceeds two*. Un groupe diversifié a pour lui la logique de la *superadditivity of diverse tools*. Avec *5* perspectives différentes, on crée dix paires de perspectives. Ajoutez une sixième, *5* nouvelles paires apparaissent, soit *5+10+15=30*. L'auteur n'en dit pas plus, mais il vaut de prolonger le chemin entrepris en s'interrogeant sur le nombre et la nature des combinaisons de perspectives différentes susceptibles de favoriser l'innovation dans un mini-groupe.

Faisons un peu de combinatoire en continuant de considérer des paires, c'est-à-dire des ensembles $\{x;y\}$ ou $\{y;x\}$. Ces ensembles ne sont pas ordonnés comme le sont les couples (x;y) et (y;x) qui diffèrent entre eux. Il y a $2^5 = 32$ façons de composer un groupe de 2 parmi 5 personnes. A chaque fois que je choisis un premier candidat, j'ai deux façons d'en prendre un second. A chaque fois que je choisi un premier et un second, j'ai deux façons de choisir un troisième, et ainsi de suite. Finalement, j'obtiens : $2.2\ 2.2.2 = 2^5$ cas. Comme l'ordre n'a pas d'importance, je peux calculer le nombre de combinaisons p à p de n éléments d'un groupe de n éléments. Considérons la constitution d'un groupe comme le tirage de boules dans une urne. Dans une urne de 5 boules numérotées 1 ; 2 ; 3 ; 4 ;

5, je tire au hasard *2* boules et je les mets dans une boîte. Je dois deviner le numéro des boules qui sont dedans. Le nombre de possibilités est $C^2_5 =$ *(5.4)/(2.1) = 10* combinaisons de boules. Le nombre de combinaisons de *5* boules *3* par *3* est égal $C^3_5 =$*(5.4.3)/(3.2.1)=10* boules. Le nombre de combinaisons de *5* boules *4* par *4* à $C^4_5 =$*(5.4.3.2)/(4.3.2.1)= 5* boules, soit bien en tout $C^0_5 +$ $C^1_5 +$ $C^2_5 +$ $C^3_5 +$ $C^4_5 +$ $C^5_5 =$ *1+5+10+10+5+1 = 32= 2^5* en observant que *$2^n = \Sigma\ C^p_n$*, *p* allant de *0* à *n* et $C^p_n = C^{n-p}_n$ (par ex : $C^4_5 = C^1_5$). On retrouve les combinaisons avancées par Scott E. Page, y compris $C^2_6 =$*(6.5)/(2.1) =15*.

Un tel dénombrement ne donne qu'une faible idée de la variété des rencontres dans un groupe. Il ne suf-

fit pas de compter les rencontres possibles. L'ordre d'arrivée dans le
groupe compte ! Reprenons notre
groupe de *5* et considérons un sous-
groupe de *3*. Question : combien y-t-
il de sous-groupes ordonnés de *3*
dans un groupe de *5* ? La question
équivaut à celle de savoir combien
y-a-t-il de tiercés dans l'ordre ?
Comme premier arrivé, il y a cinq cas
possibles (chacun des cinq chevaux).
A chaque fois que le premier est
choisi, il reste quatre chevaux
comme deuxième à l'arrivée. A
chaque fois que le premier et le deuxième sont choisis, il reste trois chevaux arrivant troisième. Le nombre
de tiercés dans l'ordre est *5.4.3.=60*
(*60* arrangements). Formellement, le
nombre d'arrangements de *p* objets
pris parmi *n* est $A^p_n = n(n-1)(n-2)$ ....
(n-p+1). Si le nombre *p* objets est

égal à *n*, nous avons affaire à un arrangement particulier, la permutation. Comme dans un arrangement, la permutation est une façon de mettre de l'ordre en considérant tous les ordres possibles. D'après la formule précédente, $A^n_n = n\,!$ (ex : le nombre de permutations de *5* boules dans une urne de *5* boules est *5.4.3.2.1.=120*. Il y a *120* façons d'ordonner *5* éléments parmi *5*, c'est-à-dire *120* permutations. Le nombre d'arrangements est plus significatif que celui des combinaisons où l'ordre n'a pas d'importance. Revenons à nos chevaux. On avait trouvé *60* tiercés (60 arrangements). Combien de combinaisons ? Seulement *10* combinaisons, car, pour chaque tiercé dans le désordre, on trouve six tiercés, soit *60/6=10*. (Dans les manuels, il est rappelé que $C^p_n = A^p_n/p\,!$; cf. l'ex. ci-dessus : $C^3_5 = A^3_5/3 ! = (5.4.3)/(3.2) = 10.$)

Il convient de prendre en compte les arrangements plutôt que les combinaisons si on entend respecter la diversité. L'opération entre éléments n'est pas associative. Si on considère trois éléments, il est fort probable que la fécondation d'idées dépende de l'ordre d'arrivée des éléments dans le groupe : *(a∗b)∗b ≠ a∗(b∗c) ≠ (a∗c) ∗b*. Soient Alain et Benjamin planchant déjà sur un projet. Gilles vient les rejoindre. Le résultat de leur *brainstorming* aurait sans doute été différent si Gilles et Benjamin avaient été au départ ensemble et qu'Alain les avait rejoints. La *cross-fertilization* varie suivant la nature des éléments entrant en composition. Pour que la diversité joue à plein, Scott E. Page propose qu'il n'y ait

pas de chevauchement entre les modèles interprétatifs des participants.
Cette condition devrait préserver leur
indépendance. L'auteur veut éviter
une influence a priori, mais cette influence ne saurait être gommée lors
de la discussion dont l'essence est
l'interaction ! La rencontre entre des
interprétations différentes peut faire
l'objet d'une représentation géomé-
trique, étant donné que ces interprétations sont assimilées à des
projections. Bien que Scott E. Page
ne la propose pas, nous pouvons
l'imaginer comme suit en supposant
que le problème en discussion entre
participants soit un espace courbe
(une « variété »). Le point de vue de
chaque participant sur la question
pourrait être la projection de cette variété sur des sous-variétés. Ces points
de vue pourraient être des directions

privilégiées (des « vecteurs propres »), des plans voire des surfaces courbes. Leur rencontre serait à l'intersection de ces plans, de ces plans ou surfaces courbes ou de surfaces courbes comme par ex. :

La rencontre de différents points de vue peut être matérialisée par l'intersection de deux plans (la droite en bleu sur la fig.a), d'un plan ou d'une surface courbe (fig. b), ou de deux surfaces courbes (fig.c). La figure (c) est la plus riche des trois, car l'intersection de deux plans produit une droite (la droite est définie au croisement de deux équations), et celle de trois **plans un point, alors que la rencontre de surfaces courbes produit un espace** qui ne se réduit ni à un point ni même à une droite. [19]

Plusieurs approches de différenciation sont possibles. L'approche topologique est la plus simple : inviter son voisin du bureau d'à côté ou d'en face pour discuter de tel sujet. La mé-

thode du gradient est également con-
cevable si on cherche à accroître la
diversité dans une direction unique
(on regroupe des personnes ayant des
compétences graduées, du degré 1 à
la plus élevée ; dans cette configuration, chacun aura son mot à dire quel
que son grade dans le service). De
telles approches demeurent aléatoires (tout dépend de la qualité du
voisinage) ou peu productives (le
poids de la hiérarchie continuera de
se faire sentir). Mieux vaut un rencontre dans un lieu de sport ou une
chorale de l'entreprise). Si on entend
vraiment constituer un groupe de
pensée multidimensionnelle, il importe de prendre en compte le passé
des participants : non seulement leur
stock de connaissances, mais la diversité de leurs expériences, leur flux
comme dirait Deleuze, c'est-à-dire

leur parcours dans l'entreprise (la même ou d'autres) et plus largement dans la vie. Le parcours signale toutes sortes de rencontres, les subies et surtout celles qui ont été voulues, recherchées. Recruter des gens qui sont capables de se différencier en permanence pour progresser accroît incontestablement la diversité dans son contenu. La rencontre entre des personnes ayant mis en cause leur formation, leur culture, leur langue, leurs repères, leur première ou seconde identité, voire la *n-ième*, est la plus grande source d'innovation. Leur personnalité est multiple, cohérente et contradictoire, ouvert à tous les possibles à la fois. Leur imagination accompagne leur entendement sans jamais en être subjuguée totalement.

Considérons trois axes. Un axe vertical, qui mesure la créativité par la fréquence d'idées nouvelles. Deux axes horizontaux : le premier indiquant le nombre de rencontres p dans un groupe n donné, soit A^p_n, le second les degrés de diversité, par ordre également croissant (de la diversité minimale à la diversité maximale entre participants à personnalités et intérêts multiples). Dans ce système, le facteur de production invisible prendrait la forme d'une fonction de production de l'innovation. Deux surfaces familières pourraient être imaginées pour la faire sortir de l'ombre :

- une courbe gaussienne en deux dimensions, d'équation $(f(x,y) = \exp. -x^2 - y^2$ (fig. de gauche) ;

- une représentation de la surface de Riemann pour le logarithme complexe (fig. de droite). [20]

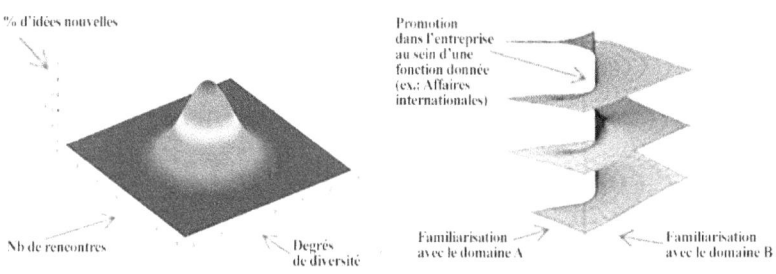

La figure de gauche suggère que le nombre d'idées nouvelles pourrait résulter du nombre de rencontres et de la diversité des personnes interagissant entre elles. Par idées nouvelles, il faut entendre des idées qui tranchent par rapport au stock d'idées anciennes (ex. : en matière de train à grande vitesse, le bogie par rapport au moteur électrique ou au profilage, qui permet aux trains de serpenter au lieu de subir des effets d'accordéon entre les wagons). Le pic des idées nouvelles se concentrerait autour de la moyenne (nombre de participants ni trop élevé ni trop bas et diversité moyenne des participants au plan de la formation et des expériences). La Commission européenne comprend actuellement 28 Commissaires. En vertu du Traité de Lisbonne (2007), il a été décidé de nommer un Commissaire par Etat, soit 28 depuis l'entrée de la Croatie. Certains considèrent qu'un tel nombre conduit à un *decision-making process* peu productif. A 28, on serait dans la zone des rendements décroissants pour imaginer et prendre de bonnes décisions. Un nombre beaucoup plus réduit de Commissaires ne serait pas assez représentatif des Etats et pourrait biaiser els résultats. Selon certaines études, le nombre optimal serait autour de 15 Commissaires. Ce chiffre serait un juste milieu entre 1/ l'excès d'hétérogénéité (et le manque de cohérence et de cohésion de la Commission), 2/ d l'excès d'homogénéité (et le manque d'ouverture sur la diversité des Etats et de leurs intérêts nationaux). [21]

Le croisement d'un arrangement particulier de personnes et d'un degré donné de diversité peut donner lieu à l'invention d'une idée. De cette idée peut naître, au cours de la discussion, d'autres idées, proches ou fort éloignées ou contraires. L'idée sélectionnée est testée, rejetée ou mise de côté. Le tri des idées, au plan technique ou économique (coût) n'exclut pas de valoriser celles qui ont abouti à un échec. L'audace n'est jamais exempt de travers. Tant mieux ! L'erreur fait avancer la discussion ! Le processus est dynamique. L'idée enfin retenue est opérationnelle. L'entreprise devient innovante.

La figure de droite illustre une fonction multiforme. La surface de Riemann, associée à *Log z*, possède une infinité de feuillets (*z* est un nombre complexe ayant plusieurs racines). [22] Son équation est assez simple si le nombre complexe est exprimé en coordonnées polaires, mais on retiendra moins ici son écriture que l'idée fondamentale que cette surface est hélicoïdale avec une infinité de spirales. Prenons exemple un peu caricatural. Une personne, au fait des problèmes juridiques et économiques de son entreprise, est désireuse de se familiariser avec des expériences étrangères dans son domaine. Il part faire un stage dans une PME allemande, décide ensuite de faire un Master en management aux Etats-Unis et finit par travailler quelque temps dans le négoce international dans ce pays ou en Chine. Il revient dans son entreprise ou une entreprise du même type. Il retrouve sa fonction dans l'entreprise, mais à un poste plus important (quelques échelons au-dessus, en passant du statut d'employé à celui de cadre, voire de chef de service). Ses expériences multiples et sa formation continue ont enrichi la diversité de l'entreprise en matière de gestion, de commerce international et de droit international

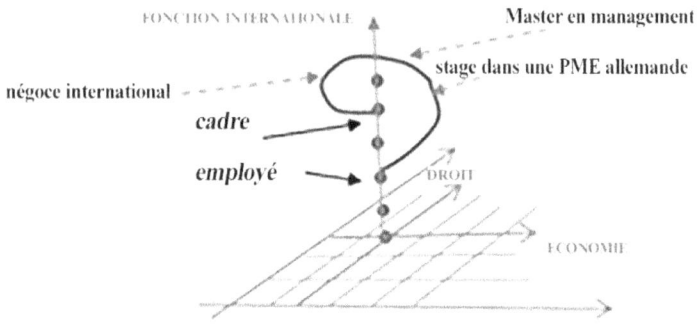

Les points ● représentent les différents échelons dans une
même fonction de l'entreprise.
Grâce à ses expériences multiples et diverses, l'employé
saute deux ou plusieurs échelons dans sa spécialité.

Mathématiquement, il paraît difficile
d'établir un passage entre une représentation du processus de l'innovation par une courbe gaussienne et sa
représentation par une surface de
Riemann. Le logarithme complexe
s'exprime par un polynôme en x et y
(il s'agit d'une surface algébrique),
ce qui n'est pas le cas de la gaussienne qui est une exponentielle.
Cette dernière pourrait toutefois être

approchée par un développement de Taylor. En tout état de cause, le lien fait sens dans l'entreprise. Grâce à l'apport de son employé, le processus de création, nourri par les interactions, gravit la colline de la gaussienne.

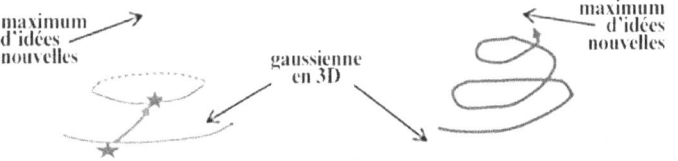

L'employé qui a su se renouveler par ses contacts les plus variés à l'étranger monte dans la partie des idées la plus créative de l'entreprise. La profondeur et la rapdiité de sa capacité d'absorption accélère le mouvement d'ascension. Ce mouvement vers le haut se traduit égalemet sur la la gaussienne par une trajectoire en ressort qui se rapproche de plus en plus du centre

Le processus de création se construit dans une série d'échanges entre fonctions différentes de l'entreprise. Sous ce rapport, la compétitivité apparaît comme *un défi social*, écrivait en 1989 Alain d'Iribarne. Elle impose des *coopérations inter-fonction-nelles*, comme pourraient l'illustrer des cercles qui s'entrecoupent partiellement (l'intersection par ex. du cercle de fabrication, du cercle commercial et du cercle de planning/lancement afin de parvenir au zéro défaut). De telles coopérations interservices n'excluent pas des *coopérations externes* avec les fournisseurs ou les sous-traitants.[23] Mais il faut plus, faute sinon institutionnaliser par trop les réunions ou de verser dans la réunionite. La *catallaxie* repose également sur une dynamique de mini-groupes. Les nœuds de coordination doivent demeurer informels ou à structure éphémère. Comment empêcher autrement que le *pratico-inerte* ne se substitue à de l'ouvert? On peut contractualiser les relations de façon occasionnelle.

Un exemple ? L'entreprise française de taille moyenne, Habia, productrice de fils et de câbles. L'entreprise a su associé sans inertie industriels et chercheurs académiques aux différentes étapes de la production :

La première étape consiste à découper tous les projets de R&D en cinq phases : l'idée, le concept, le prototype, l'industrialisation, la production. Les projets sont représentés par des pastilles plus ou moins grosses selon leur taille et répartis entre ces cinq étapes, ce qui permet d'avoir une « vue d'avion » sur le flux des projets et de veiller à maintenir un équilibre entre ceux qui démarrent, ceux qui sont à mi-chemin et ceux qui se terminent, de façon à disposer constamment d'innovations à mettre sur le marché.

Pour passer à l'étape suivante, les projets doivent répondre à certaines conditions, ce qui permet de fixer les objectifs à l'équipe de recherche. Tous les lundis matins, chacun doit coller un post-it sur un panneau pour expliquer où il en est et quelles difficultés il rencontre. Si la solution est facile, les autres l'aident à la trouver ; si elle est difficile, la complexité du problème est mise en évidence, ce qui permet de ne pas perdre la face. Tous ces dispositifs favorisent le travail d'équipe et l'accélération de l'innovation.[24]

L'innovation n'est pas seulement affaire d'efficacité (*what is effective, how much ?*). La manière dont le groupe crée (*what is efficient*) importe autant. *An efficient organization* implique trois verbes : *assess, implement, deliver.*[25] Ces verbes impliquent des actions et une conjonction des inventions.

9

Pour une révolution inhabituelle

Pour une révolution inhabituelle

Les choses changent, non seulement dans les idées, mais dans la pratique si on s'en tient au secteur privé. Du moins dans les petites et moyennes entreprises. Soit un autre exemple. : le site *Sparknews*. Ce site a pour vocation de partager des reportages montrant des actions de développement durable. Son fondateur est ingénieur agronome. Au sortir de ses études, il a parcouru la planète à la rencontre d'hommes et de femmes qui font avancer le monde. A son retour, il s'est associé avec ses compagnons de voyage. Ancien membre d'*Ingénieurs sans frontières*, il a été également enseignant et éducateur auprès de jeunes de banlieue. *Sparknews* défend le journalisme utile, travaille avec les entreprises et les salles de rédaction du monde entier. L'entreprise fait connaître ce qui marche, comme le micro-crédit ou toute autre idée innovante de développement. L'entreprise n'entend pas grossir n'importe quel événement comme le font certains media. Elle crée du nouveau en soulignant ce qui aide les gens.

Du côté des grandes entreprises, on retrouve le même esprit. Nous avons cité Essilor. Il y en a d'autres, mais dans beaucoup le miroir aux alouettes des grandes écoles bride l'innovation en pérennisant des situations acquises par les diplômes à l'âge étudiant. Où sont les entreprises françaises conduites par des gens de terrain ou d'expérience, n'ayant même pas fini leurs études ? A-t-on jamais comptabilisé les échecs retentissants des surdiplômés mégalomanes, n'admirant qu'eux-mêmes ou leurs pairs ? Leur vanité leur sert de guide pour ne rien voir. Ils conduisent leur entreprise dans le mur, le marché finissant par pénaliser moins hélas leur personne que le personnel qui leur fut trop obéissant. Au mieux, l'innovation stagne, les idées se tarissent. Le résultat est semblable à celui de l'employé qui devient court d'idées. Celui qui inventait 10 idées par jour n'en suggère plus qu'une par mois. Le processus créateur est asséché et, corrélativement, les promotions dans les fonctions. Seuls les favoris du Prince montent, à moins que le conseil d'administration de l'entreprise éjecte le PDG à temps.

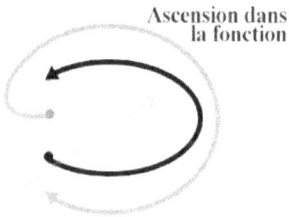

Le mouvement d'ascension s'arrête, voire redescend dans l'autre sens (flèche circulaire grise)

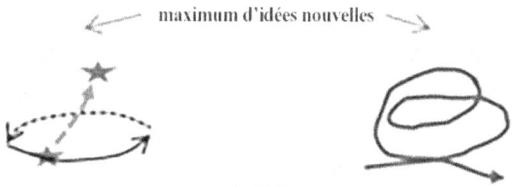

Figure de gauche : les idées font du surplace. On tourne en rond. L'imagination peine à enfanter des idées nouvelles (cf ★ plus haut).	Figure de droite : la situation est pire que du surplace. L'imagination monte et redescend en continuant de tourner dans le même sens.

Quid en revanche des dirigeants qui ont du flair, du *business acumen* et l'intelligence des relations ? Il y en a

un : Xavier Niel, le seul grand dirigeant d'entreprise à avoir arrêté en
France sa prépa scientifique pour
créer une entreprise. Xavier Niel a
innové en informatique, en créant la
Freebox. Il a fondé *42*, une école
gratuite, sans prérequis scolaire, of-
frant une formation différente *au
plus grand nombre de talents, voire
de génies* (sic), afin qu'ils soient capables de concevoir de nouveaux
logiciels et de réaliser leurs projets.
Xavier Niel ne cherche pas à sabrer
les coûts pour être récompensé au
centuple par les actionnaires. Il ne
gémit pas non plus comme beaucoup
de patrons à l'ancienne. Il continue
plus que jamais d'investir voire de
créer un incubateur d'entreprises, la
salle Freyssinet à Paris, qui accueil-
lera un millier de startups. Avec ces

pépites de l'avenir, c'est rajeunir le présent !

Et la fonction publique ? Les fonctionnaires représentent, proclame-t-on en France, l'intérêt général. Cette mythologie a la vie dure. Son corollaire : l'entreprise (comme les lobbies) n'a pas bonne presse, alors que la décision publique a besoin de son concours (comme celui des lobbies) pour réussir. L'intérêt propre des fonctionnaires a été consolidé par un statut intangible, le sacerdoce à vie, privant l'administration d'expériences multiples et la connaissance concrète de la vie économique. Qu'importe le vent du dehors, la diversité de recrutement et son renouvellement permanent ! Qu'importe le mélange des parcours et des formations à tous les échelons ! Quel fonctionnaire se soucie, comme un entrepreneur, de payer les salaires, la TVA, d'équilibrer un budget, d'obtenir un prêt, de tenir compte des clients ? L'Etat n'offre même pas un sourire aux usagers. Les contractuels de l'administration paraissent plus au fait des dossiers que la cascade de directeurs, directeurs adjoints et sous-directeurs. Dans la fonction publique à la française, chacun est assuré de gravir les échelons (ceux qui sont en dessous de la caste des énarques) et de recevoir des primes sans mérite (le mérite serait au-dessus. Il appartient à ceux qui corrigent les virgules des autres catégories et font des discours pour la galerie).

Ancien négociant en cognac, Jean Monnet a montré pourtant comment l'Etat devait travailler. Riche d'expériences multiples, il a participé aux affaires publiques aux côtés des Alliés lors des Première et Seconde guerres mondiales. Entre-temps, il fut banquier en Californie et en Chine. A la Libération, il joua un rôle central dans la mise en œuvre du Plan français de reconstruction, de la CECA (1951), du Marché Commun (1957) et du Comité d'action pour les Etats-Unis d'Europe (1955-1975).

Dans ses *Mémoires*, Jean Monnet relate la façon dont il constitua une équipe pour imaginer le Plan de la modernisation de la France. *Nous recherchâmes les hommes les plus ouverts au progrès, les plus écoutés dans leur milieu*. […] *Tous furent amalgamés en quelque sorte* dans l'équipe. Les fonctionnaires n'étaient pas exclus, mais ils étaient au milieu d'un groupe plus diversifié, comprenant un ou deux universitaires, des chefs d'entreprise, des syndicalistes, des hommes politiques, …, tous appelés à *examiner chaque problème dans son ensemble et sur tous ses aspects*. Comme toutes les classes sociales étaient associées dès l'origine, les conclusions du Plan étaient automatiquement comprises et acceptées. *L'équipe, volontairement réduite, se nourrissait de l'expérience des hommes les plus compétents et les plus directement concernés dans le domaine qu'elle explore*. Au diable *la volonté de conservation de tant de personnages liés aux formes anciennes de pensée* ! Au diable *les clivages nuisibles à la circulation des idées* ! Au lieu de s'enferrer dans les clivages traditionnels, le groupe de choc, dans sa composition hétéroclite, était invité à

*essayer toutes formes de raisonne-
ment.* - Chiche ! - Pourquoi pas !
Chaque interaction fut pour chaque
membre une pique qui le faisait avancer.

Il faut reconnaître que *les hauts fonctionnaires, qui dominent le pays, ont
toutes les qualités, sauf l'esprit d'entreprise*. Jean Monnet lutta pour
empêcher la tutelle du Ministère des
affaires économiques et des finances
sur le Plan. Il ne voulait pas que l'on
suive sans penser les oukases la No-
menklatura française. Il voulait
qu'on *pense ensemble*, qu'on ima-
gine *des solutions neuves et rigou-
reuses aux problèmes les plus
complexes*. Quand on voit comment
les « hauts » dirigeants du Trésor et
de la Banque de France n'ont pas su
contrôler les frasques de leur col-
lègue qui dirigeait le Crédit Lyonnais

de 1988 à 1993, on ne peut que sous-
crire à pareille analyse. Les dons
exceptionnels de certains ont coûté
100 milliards de francs (15 milliards
d'euros) à la France. Jean Monnet est
mort en 1979, mais l'état de la question demeure. La haute fonction
publique est plus soucieuse de s'oc-
troyer des droits et des privilèges que
de corriger son inaptitude à créer de
bonnes décisions en introduisant
dans les réunions des gens de tous
horizons. *Pour transformer la
France, il faudrait d'abord transformer les grands corps de l'Etat et
peut-être les écoles où on les fa-
brique.* Dixit Jean Monnet, qui ajus-
tait son jugement, dans les pays où il
se rendait, sur *la sagesse des grands
praticiens* de la société dont la première règle est de ne pas se tromper

en ne prétendant pas tout savoir a priori. [26]

Les saint-simoniens de l'Etat ont oublié que leur idole, Saint-Simon, préconisait le mélange des genres. Il en fut lui-même l'incarnation dès la fin du XVIIIᵉ siècle en étant aux côtés des *insurgents* américains contre l'Angleterre. A son retour en France, Saint-Simon souhaita que l'Etat soit animé par des *chefs d'industrie* et non aux mains de technocrates qui n'ont aucune expérience des affaires (à commencer par celle des petites et moyennes entreprises). Il aurait pu ajouter, comme Monnet : les banquiers (non aigrefins), les avocats (qui savent mieux négocier et conclure les contrats, du plus simple au plus complexe) et les journalistes - ceux qui font voir, et non ceux qui flattent les gens au pouvoir. Toutes ces professions restent, par nécessité, collées au réel. Ils connaissent les problèmes. La biographie de Saint-Simon suggère une méthode, encore plus révolutionnaire que celle de Monnet :

J'ai fait mes efforts pour connaître, le plus exactement qu'il m'a été possible, les mœurs et les opinions des différentes classes de la société ; j'ai recherché, j'ai saisi toutes les occasions de me lier avec des hommes de tous les caractères et de tous les genres de moralité. [...] J'ai tout lieu de m'applaudir de la conduite que j'ai tenue, puisque je me vois en état de présenter des vues neuves et positives à mes contemporains. [...] Pour faire des découvertes, il faut : 1° Mener, dans la vigueur de l'âge, la vie la plus originale et la plus active ; [...] 3° Parcourir toutes les classes

*de la société ; se placer personnelle-
ment dans le plus grand nombre de
positions sociales différentes, et
même créer, pour les autres et pour
soi, des relations qui n'aient point
existé.[27]*

Plus de 2000 milliards de dettes !
Malgré une fonction publique plé-
thorique vantant l'intérêt général, la
France a accumulé dettes sur dettes
depuis 40 ans. Des milliards ont été
dépensés sans résultat dans la sidé-
rurgie, l'informatique, les « plans
calculs », même s'il faut reconnaître
certaines réussites (Airbus, Ariane,
l'industrie nucléaire, le TGV). Les
politiques, qui sont en France sou-
vent fonctionnaires, tant au niveau du
Parlement que de celui des ministres,

n'ont pas voulu entendre les avertissements de la Cour des comptes et de quelques esprits courageux. L'Etat est devenu une machine, non à faciliter l'innovation, mais à produire des erreurs répétées. Le constat d'aujourd'hui demeure celui d'hier. Pourquoi, se demandait-on déjà, *la réussite à un ou plusieurs concours entre vingt et trente ans conférerait-elle des titres de légitimité personnelle supérieurs à ceux que procurent une compétence et une notoriété acquises sur le terrain, au cours d'une carrière professionnelle ?* Et d'attester, il y a trente ans, que *l'on commence à s'apercevoir que sur les marchés internationaux la brillance et le mépris du détail peuvent rapidement dégénérer en légèreté, la vertu en naïveté, et l'arrogance en masque de l'incompétence. L'amateurisme polyvalent, le pantouflage et le renvoi d'ascenseur, institution consubstantielle au système français, nuisent quelquefois au professionnalisme de nos milieux d'affaires, et expliquent quelques retentissants ratages dont nous avons le secret.*[28] Le partage entre la loi et le contrat au sein du droit est toujours à l'avantage de la première, entravant le travail de la sphère privée. La législation fiscale – le summum ! – est non seulement des plus lourdes mais des plus instables, ajoutant inutilement du risque à celui de l'offre et de la demande. L'Etat surprotège. La France et son économie sont devenues *l'histoire d'une névrose.*[29]

L'Etat surprotège, mais les plus pauvres, hors statut, sont dans la rue. Que faire, alors que l'initiative privée pousse malgré tout, çà et là, entre les pavés ? *Pourquoi pas nous ?* Revient à la charge l'ex-PDG d'Essilor.[30] La France peut se réformer. Les solutions ne manquent pas. Elles sont partout décrites, décortiquées. La nôtre n'a pour but que les conditions de création des idées originales qui concourent et cabossent avantageusement la fonction de production. Il ne s'agit ni d'ordonner, ni d'appliquer des ordres sans comprendre, mais de faire advenir la vraie diversité (pas celle qui est un trompe-l'œil ou qui sert de pot de fleurs sur fond d'homogénéité). Mais ce réquisit ne saurait suffire. Si l'entrepreneur de Schumpeter n'est pas le seul compositeur, il n'en est pas moins le chef d'orchestre. C'est lui qui doit décider, mettre en musique, entraîner les gens pour qu'ils apprennent à bien jouer ensemble. De Gaulle et Léon

Blum ont soutenu le plan de reconstruction de la France, élaboré autour
de Jean Monnet. Socialiste, Léon
Blum fit preuve, et de discernement,
et d'énergie. Ses paroles sont d'or :

*Voulons-nous, ou non, mettre la
France libérée au pair de la science
et de la technique modernes ? Ou
bien n'envisageons-nous pour elle,
dans l'avenir, qu'une vie chiche de
médiocrité et de routine ? Voilà le
choix qui se pose pour notre pays.
Qu'on note bien que l'économie
française, même gérée chichement et
médiocrement, ne pourrait pas se
priver d'importer sans se condamner
à l'asphyxie et à la mort. Pour importer, il faut pouvoir exporter. Pour
exporter, il faut pouvoir produire
dans des conditions à peu près com-
parables à celles des autres produc-
tions concurrentes, c'est-à-dire qu'il*

faut refaire et moderniser. Ainsi tout se tient, tout se commande, et l'on aboutit toujours à la même conclusion. Seulement, suivant que l'un ou l'autre choix prévaut, que l'un ou l'autre état d'esprit prédomine, la tâche nécessaire en tout état de cause sera entreprise avec vaillance, décision et hardiesse, ou bien avec une certaine prudence timorée méticuleuse et lésineuse. Dans un cas, on pourra rallier autour d'elle la confiance et la collaboration ardentes du pays ; dans l'autre, elle se traînera lentement, obscurément, au milieu de l'indifférence et du scepticisme publics.[31]

L'auteur

Alain Laraby est médiateur international, accrédité à Londres auprès du London Chartered Institute of Arbitrators et à Paris auprès de l'Association des Médiateurs Européens (Ame). Il est par ailleurs consultant et administrateur d'une société étrangère dans le domaine de l'énergie.

Pendant près de cinq ans, il fut en charge des dossiers de justice internationale et transitionnelle au sein du Centre d'Analyse, de Prévision et de Stratégie du Quai d'Orsay. Dans ce cadre, il rédigea des Lignes directrices pour le Ministère des Affaires étrangères sur la justice transitionnelle dans le monde. Il entreprit diverses missions à l'étranger, notamment en Afrique du Sud, en Angola, au Cameroun, au Kenya et au Canada.

Alain Laraby est membre du groupe francophone dans le cadre du projet de l'Académie diplomatique internationale (ADI), intitulé « Law & diplomacy », en association avec l'American Bar Association et les autorités suisses. Ce groupe prend part aux travaux de la Task force qui a pour objet de faire des recommandations pour mieux articuler les questions de justice internationale (notamment celles soulevées par la Cour pénale internationale) et les

institutions politiques internationales (en particulier le Conseil de
sécurité).

Avant d'être diplomate, il fut avo-
cat à la Cour de Paris et solicitor à
Londres (membre de la Law
Society). Son domaine d'interven-
tion fut l'anti-trust communautaire
dans lequel il fut amené à négocier
avec la Commission européenne.
Il fut également Expert visitor
pour diverses organisations internationales effectuant, des missions
et formations, dans le domaine de
la négociation contractuelle, de
hauts fonctionnaires, juristes et
hommes d'affaires, en particulier
en Europe, en Afrique (RDC,
Burkina Faso, Sénégal) et au
Moyen-Orient (Liban).

Alain Laraby est intervenant à
Sciences Po (Paris) dans le cadre
de la formation continue, seul ou

en binôme avec un économiste du CEPREMAP (Centre d'Etudes Prospectives et Informations Internationales), il enseigne la négociation et le lobbying à la lumière de la théorie des jeux. Il enseigne par ailleurs les techniques de médiation dans diverses institutions, françaises et étrangères.

Il écrit dans diverses revues littéraires, politiques et philosophiques. En raison de sa formation scientifique, il collabore également à diverses institutions (Institut Henri Poincaré) et revues mathématiques (Quadrature, La Jaune et la Rouge de l'Ecole Polytechnique, …).

Notes

[1] Marc Montoussé, A Bertrand, Kim Huynh, *Microéconomie*, Ed. Bréal, 2007, p.105.

[2] Xavier Fontanet, *Si on faisait confiance aux entrepreneurs. L'entreprise française et la mondialisation*, Paris, Les Belles lettre, 2010, p.21.

[3] *Ibid.*, pp.74-82.

[4] Ludwig von Mises, *L'action humaine* [1940], Paris, Institut Coppet, p.137, 203 et 336.

[5] *Ibid.*, p.49, 51, 165, 235, 273 et 413.

[6] Xavier Fontanet, *Si on faisait confiance aux entrepreneurs*, op. cit. 125.

[7] François Cusset, *French Theory*, The University of Minnesota, 2008, p.41, 150, 160 et 330.

[8] Jean-Paul Sartre, *Critique de la raison dialectique*, t.1 : Théorie des ensembles pratiques, Paris, Gallimard, 1960, p.202, 308-309, 343, 477 et 591.

[9] Félix Guattari, *La révolution moléculaire*, Paris, édit. Encres, 1977, pp.32-33, 48 et 166-167.

[10] Financial Times, *A model that everyone wants*, Aug. 6, 2012 ; Time magazine, *Why Germany must save the Euro*, Aug. 12, 2013 ; La Croix, *Le Mittelstand allemand se nourrit de « la perfection du banal »*, 11 oct. 2012.

[11] Jean-Marc Daniel, *Le socialisme de l'excellence. Combattre les rentes et promouvoir les talents*, Paris, François Bourin éditeur, 2011, pp.25-26, 38, 51, 98, 100, 145 et 172.

[12] Georges Ripert, *Aspects juridiques du capitalisme moderne*, Paris, L.G.G.J, 1951, p.345.

[13] Gilles Deleuze, Claire Pernet, *Dialogues*, Paris, Flammarion, 1977, pp.57-71.

[14] Gerald Harris, *The Art of Quantum Planning. Lessons from Quantum physics for Breakthrough Strategy, Innovation, and Leadership*, San Francisco, BK, 2009.

[15] Paul Watzlawick, *Ultra-solutions. Ho to fail most successfully*, New York, Norton Company, 2001, passim.

[16] Scott E. Page, *The Difference. How the power of diversity creates better groups, firms, schools, and society*, Princeton University Press, 2007, p.11.

[17] *Ibid*. ch. 6: Diversity and problem solving.

[18] *Ibid.*, p.208. Dans son ouvrage, l'auteur renvoie à des articles plus techniques.

[19] Wikipedia, *Espace vectoriel*, p.4 ; www.kartable.fr; http://www.cad.zju.edu.cn/home/hwlin /publications.htlm

[20] http://fr.wikipedia.org/wiki/Fonction_g aussienne;

http://fr.wikipedia.org/wiki/Logarithme_complexe

[21] Constantine A. Stephanou, *Adjusting to EU Enlargement : Recurring Issues in a New Setting*, UK, 2006, p.94.

[22] *A Riemann surface is a surface-like configuration that covers the complex plane with several, and in general infinitely many, "sheets." These sheets can have very complicated structures and interconnections. Riemann surfaces are one way of representing multiple-valued functions*. (Cf. WolframMathworld, *Riemann surface*).

[23] Alain d'Iribarne, *La compétitivité. Défi social, enjeu éducatif*, Paris, Presses du CNRS, 1989, pp.145-146.

[24] Joseph Puzo, « Comment monter en gamme pour une PMI ou un territoire ? », in Journal de l'Ecole de Paris du management, reproduit in Problèmes économiques, *Allemagne, Ses choix, ses défis*, Documentation française, janv. 2014.

[25] Jean-Pierre Robin, « Les trois mots qui manquent pour avoir une politique

économique efficace », in Le Figaro, 3 nov. 2014

[26] Jean Monnet, *Mémoires*, Paris, Fayard, 1976, passim.

[27] Saint-Simon, *Abrégé de l'histoire de ma vie* [1809], in Saint-Simon, Textes choisis, Paris, édit. Sociales, 1951, pp.59-60.

[28] Laurent Cohen-Tanugi, *La métamorphose de la démocratie française. De l'Etat jacobin à l'Etat de droit* [1989], Paris, Folio, 1993, pp.218-219.

[29] Jean Peyrelevade, *Histoire d'une névrose, La France et son économie*, Paris, Albin Michel, 2014.

[30] Xavier Fontanet, *Pourquoi pas nous ?* Paris, Fayard, 2014.

[31] Léon Blum, 1946, in Jean Monnet, *Mémoires*, p.368.

www.ingramcontent.com/pod-product-compliance
Lightning Source LLC
Chambersburg PA
CBHW070813180526
45168CB00002B/604